Zhongguo Wenhua
Zhishi Duben

中国文化知识读本

颐和园

主编 金开诚

编著 张娜

吉林出版集团有限责任公司

吉林文史出版社

图书在版编目（CIP）数据

颐和园 / 张娜编著 . —长春：吉林出版集团有限
责任公司：吉林文史出版社，2009.12（2022.1 重印）
（中国文化知识读本）
ISBN 978-7-5463-1272-9

Ⅰ . ①颐… Ⅱ . ①张… Ⅲ . ①颐和园－简介 Ⅳ .
① K928.73

中国版本图书馆 CIP 数据核字（2009）第 222978 号

颐和园

YI HE YUAN

主编/ 金开诚　编著/张娜

责任编辑/曹恒　崔博华　责任校对/王新

装帧设计/曹恒　摄影/金诚　图片整理/王贝尔

出版发行/吉林文史出版社　吉林出版集团有限责任公司

地址/长春市人民大街4646号　邮编/130021

电话/0431-85618717　传真/0431-85618721

印刷/三河市金兆印刷装订有限公司

版次/2009 年 12 月第 1 版　2022 年 1 月第 5 次印刷

开本/650mm×960mm　1/16

印张/8　字数/30千

书号/ ISBN 978-7-5463-1272-9

定价/34.80元

关于《中国文化知识读本》

　　文化是一种社会现象，是人类物质文明和精神文明有机融合的产物；同时又是一种历史现象，是社会的历史沉积。当今世界，随着经济全球化进程的加快，人们也越来越重视本民族的文化。我们只有加强对本民族文化的继承和创新，才能更好地弘扬民族精神，增强民族凝聚力。历史经验告诉我们，任何一个民族要想屹立于世界民族之林，必须具有自尊、自信、自强的民族意识。文化是维系一个民族生存和发展的强大动力。一个民族的存在依赖文化，文化的解体就是一个民族的消亡。

　　随着我国综合国力的日益强大，广大民众对重塑民族自尊心和自豪感的愿望日益迫切。作为民族大家庭中的一员，将源远流长、博大精深的中国文化继承并传播给广大群众，特别是青年一代，是我们出版人义不容辞的责任。

　　《中国文化知识读本》是由吉林出版集团有限责任公司和吉林文史出版社组织国内知名专家学者编写的一套旨在传播中华五千年优秀传统文化，提高全民文化修养的大型知识读本。该书在深入挖掘和整理中华优秀传统文化成果的同时，结合社会发展，注入了时代精神。书中优美生动的文字、简明通俗的语言、图文并茂的形式，把中国文化中的物态文化、制度文化、行为文化、精神文化等知识要点全面展示给读者。点点滴滴的文化知识仿佛繁星，组成了灿烂辉煌的中国文化的天穹。

　　希望本书能为弘扬中华五千年优秀传统文化、增强各民族团结、构建社会主义和谐社会尽一份绵薄之力，也坚信我们的中华民族一定能够早日实现伟大复兴！

目录

一 探寻颐和园

颐和园入口

颐和园位于北京西郊的西山脚下海淀一带，这里泉泽遍野，群峰叠翠，山光水色，风景如画。它是中国现存最完整、规模最大的皇家园林，堪称中国园林的极品，属于"三山五园"之一。作为中国古典园林的代表，在封建时代原本只有皇族才能享受的特权，如今，平民百姓可以随意参观。颐和园自向普通民众开放以来，每年都要接待数百万海内外游客造访。

游人陶醉于中国园林之博大精美，忘情其间。不管我们接受的文化是否相同，但同样都被这里的建筑所震撼。这就是颐和园建筑的魅力，中国人民的智慧令世人

颐和园牌匾

惊叹不已。

（一）皇家园林

北京西郊从 11 世纪起就开始营建皇家园林，到八百年后清朝结束时，园林总面积达到了 1000 多公顷，如此大面积的皇家园林世所罕见。中国的园林建筑历史悠久，在世界园林史上享有盛名，包括宏大的皇家园林和精巧的私家园林，将山水地形、花草树木、庭院、廊桥及楹联匾额等精巧布设，使得山石流水处处生情，意境无穷。

与欧洲庭园不同，中国园林以自然景观和观者的美好感受为主，更注重天人合一，将人工美与自然美融为一体，形成巧夺天工的奇异效果，在世界园林中自成一派。而御制钦造的颐和园更是吸收了中国各地园林的精华，汇漠北山川之雄浑与江南水乡之秀丽于一体，建筑风格兼皇家豪奢与民居精巧于一身，可谓中国古典园林的杰出典范。

最初，皇家园林只是帝宫后妃们的消闲避暑之处，政务、祭祀和生活都在城内。清雍正帝继位后，园林开始有了离宫的味道，最后他干脆长期居住在西郊园林里，政务、读书、游乐等都一并在园林里处置，从此园林逐渐成为帝王政治和生活的中心。也因此，颐和园作为兼有宫和苑双重功能

颐和园曾是一座皇家园林

颐和园

俯瞰颐和园

的宫殿才慢慢有了现在的规格和模式。

颐和园的前身乃为"三山五园"中的清漪园，始建于清乾隆年间的（1750年）。颐和园是以杭州西湖风景为蓝本，汲取江南园林的某些设计手法和意境而建成的一座大型天然山水园，借景于周围的山水环境，既饱含着中国皇家园林的恢弘富丽气势，又充满自然之趣，高度体现了"虽由人作，宛自天开"的造园准则，被誉为皇家园林博物馆。

在世界古典园林中享有盛誉的颐和园，布局和谐，浑然一体，占地面积达290公顷，其中水面面积占了3/4。园中有点景建筑物百余座、大小院落20余处，3000余间古建

筑，面积 70000 多平方米，古树名木 1600 余株。其中佛香阁、长廊、石舫、苏州街、十七孔桥、谐趣园、大戏台等都已成为家喻户晓的代表性建筑。

在高约 60 米的万寿山南麓的中轴线上，金碧辉煌的佛香阁、排云殿建筑群起自湖岸边的云辉玉宇牌楼，经排云门、二宫门、排云殿、德辉殿、佛香阁，终至山巅的智慧海，重廊复殿，层叠上升，气势磅礴。巍峨高耸的佛香阁八面三层，踞山面湖，统领全园。

佛香阁八面三层，巍峨高耸，统领全园

蜿蜒曲折的西堤犹如一条翠绿的飘带，萦带南北，横绝天汉，堤上六桥，系仿西湖六堤而建，堤上修有六座造形优美的桥，各不相同，皆具美感。烟波浩渺的昆明湖清澈碧绿，景色宜人，为中国园林中最大的湖泊。湖的四周点缀着亭台廊桥，湖中十七孔桥如长虹偃月倒映水面，涵虚堂、藻鉴堂、治镜阁三座岛屿鼎足而立。三岛上也各有形式各异的古典建筑，烟波浩渺，小岛掩映于薄雾之中，独立于水面之上，让人心向往之。在昆明湖湖畔，还有著名的石舫、惟妙惟肖的铜牛、赏春观景的知春亭等景点建筑。沿昆明湖北岸横向而建的长廊，像一条彩带横跨于万寿山前，连接着东面前山建筑群。

柔桑拂面，豳风如画，乾隆皇帝曾在此阅看耕织活画，极具水乡村野情趣。与前湖一水相通的苏州街，酒幌临风，店肆熙攘，仿佛置身于两百多年前的皇家买卖街。位于颐和园东北角，万寿山东麓的谐趣园则曲水复廊，足谐其趣，具有浓重的江南园林特色，被誉为"园中之园"。

颐和园建筑融合了各地的精华，东部的宫殿区和生活区，是典型的北方四合院风格，一个个的封闭式院落由游廊联通；而南部的湖泊区则是典型杭州西湖风格，

从园中西眺，景外有景，层次分明

颐和园

一道"苏堤"把湖泊一分为二，十足的江南格调；万寿山的北面，是典型的西藏喇嘛庙宇风格，有白塔和碉堡式建筑；北部的苏州街，店铺林立，水道纵通，又是典型的水乡风格。

颐和园成功地运用了"抑景"和"借景"的手法，以园外数十里西山群为背景，把玉泉山上的宝塔纳入全园画面之中。从园中西眺，山外有山，景外有景，层次分明，一望无际。既是人造，更似自然。可以说，颐和园汇集了中国古典建筑的精华，融汇了不同地区的园林风格，堪称园林建筑博物馆。

颐和园昆明湖畔的铜牛

探寻颐和园

颐和园是帝王的行宫和花园

（二）诗情画意

颐和园不仅是历史文化的产物，同时也是中国传统思想文化的载体。这表现在园林厅堂的命名、匾额、楹联、书条石、雕刻、装饰，以及花木寓意、叠石寄情等，它们不仅是点缀园林的精美艺术品，同时储存了大量的历史、文化、思想和科学信息，其物质内容和精神内容都极为深广。其中有反映和传播儒、释、道等各家哲学观念、思想流派的；有宣扬人生哲理，陶冶高尚情操的；还有借助古典诗词文学，对园景进行点缀、生发、渲染的，使人于栖息游赏中，化景物为情思，获得精神满足。

颐和园是帝王的行宫和花园，兼有宫和苑的双重功能。如此美景，当然少不了众人的歌颂，多少文人雅士、皇帝贵族对她进行精心描绘，尽情挥洒笔墨。正因为这样，颐和园不仅是一个游玩的自然景区，更是承载深厚文化内涵的人文景观，不仅有诗情，更具画意！

自辽金元三代以来，这里即成为皇家修建园林之地，如此历史悠久的美景胜地，当然会有很多的诗文，很多的故事。中国人在好景面前总是不吝惜才情地争相歌颂，寓情于景，景以诗显，为美景更添几分诗意，几许内涵。

　　历代好景建在这里，多少文人骚客曾以好诗好文争相描绘，亭台楼阁更是直接以诗文为名，诗言景，景以诗名，相得益彰。清代有个叫顾春的人，在一首词中写道："碧瓦指离宫，楼阁玲珑，遥看草色有无中，最是一年春好处，烟柳空蒙。湖水自流东，桥景垂虹。三山秀气为谁钟？武帝旌旗都不见，郁郁蟠龙。"即是对颐和园的精美描绘。

清高宗乾隆曾为昆明湖题诗

昆明湖上的石舫

乾隆皇帝是一个有很高文学修养并热衷于追求风雅的皇帝，对此美景，当然是挥毫泼墨，是为御制诗。如《西海名之曰昆明湖而纪以诗》：

西海受水地，岁久颇泥淤。疏浚命将作，内帑出余储。乘冬农务暇，受值利贫夫。蒇事未两月，居然宵具区。春禽于以翔，夏潦于以潴。昨从淀池来，水围征泽虞。此诚近而便，可习饮飞徒。师古有前闻，赐命昆明湖。

岁辛未，喜值皇太后六旬初度大庆，敬祝南山之寿，兼资西竺之慈，因就瓮山建延寿寺而易今名，并志以诗：

选胜廓精蓝，延禧资释昙。山名扬万寿，

昆明湖美景

峰势压千岚。宝网鸿祥集，璇池浩泽涵。载
赓天保什，长愿祝如南。

再如《昆明湖泛舟》：

何处燕山最畅情，无双风月属昆明。侵
肌水色夏无暑，快意天容雨正晴。倒影山当
波底见，分流稻接垅边生。披襟清永饶真乐，
不藉仙踪问石鲸。

《昆明湖上作》：

灵池虚受妥鱼龙，讵止鲸机溯汉踪。
燕地波含滇海月，西山影写北高峰。
名称取合原无定，佳处游多得未逢。
新辟水田千顷绿，喜看惠泽利三农。

（以上写于乾隆十六年）

古老的颐和园经过不断修缮，面貌焕然一新

昆明湖南端绣漪桥以北的湖中，有一取名凤凰墩的小岛，史书记载："绣漪桥北湖中园岛，上为凤凰墩""渚墩学黄埠，上有凤凰楼。"西堤的景明楼，是模仿洞庭湖岳阳楼的"春和景明"风光而建的。西堤水岛，烟柳画桥。明代有个诗人文徵明在游昆明湖后，在诗中写道："春湖落日水拖蓝，天影楼台上下涵。十里青山行画里，双飞百鸟似江南。"多么富于诗情画意！

新中国成立后，过去的皇家园林，回到了劳动人民的手中。古老的颐和园经过不断修缮，面貌焕然一新，现园中主要殿堂，均按清末原状开放，有"博物馆公园"之称，并已成为国内外游人，特别是北京市民游览和休息的场所。

二　品味颐和园

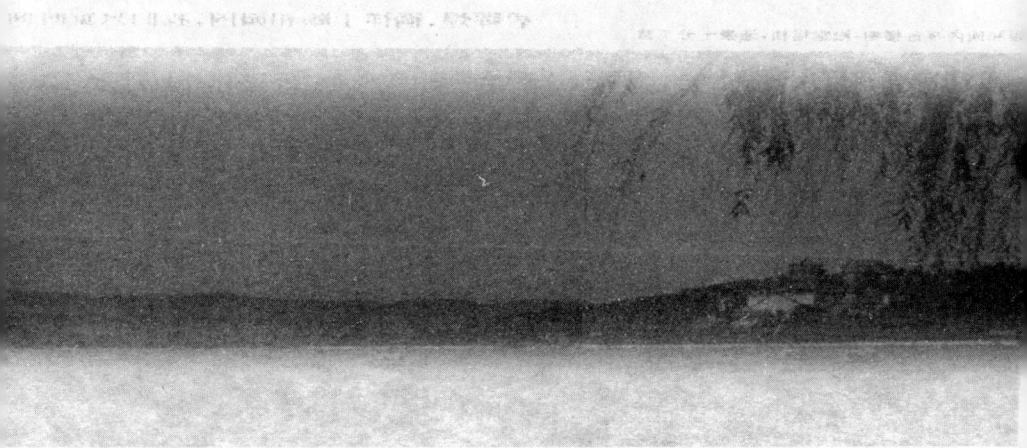

建筑是时代的一面镜子，它以独特的艺术语言反映出一个时代、一个民族的审美追求。建筑艺术在其发展过程中，不断显示出人类所创造的物质和精神文明，以其可观的巨大形象，具有四维空间和时代的流动性，讲究空间组合的节律感等，被誉为"凝固的音乐""立体的画""有形的诗"和"石头写成的史书"。

颐和园为世界上造景丰富、建筑集中、保存最完整的皇家园林，有众多的景点可以欣赏。绿柳成排，荷花飘香，湖水澄澈，游船穿梭，亭台楼榭、殿堂塔桥，掩映其间，万寿山上的建筑群宏伟高大、金碧辉

颐和园内亭台楼榭、殿堂塔桥，造景十分丰富

颐和园

颐和园主要由万寿山和昆明湖组成

煌，徜徉于颐和园内，我们只觉时间不够多，眼睛不够用，震慑于她的宏伟，惊奇于她的设计精巧，感慨于她的岁月沧桑……

（一）颐和园三区

颐和园主要由万寿山和昆明湖组成。园中主要景点大致分为三个区域：以庄重威严的仁寿殿为代表的政治活动区，是清朝末期慈禧与光绪处理内政、外交等政治活动的主要场所；以乐寿堂、玉澜堂、宜芸馆等庭院为代表的生活区，是慈禧、光绪及后妃居住的地方；以万寿山和昆明湖等组成的风景游览区和以长廊沿线、后山、西区组成的广大区域，是供帝后们澄怀明志、休闲娱乐的苑

远眺万寿山

园游览区。

作为中国最后一个封建王朝最后修建的一处大型皇家园林，颐和园汇集了传统造园艺术的各种手法和形式，如有许多景点效法了江南园林的一些优点，谐趣园就是仿无锡寄畅园建造的，西堤是仿杭州西湖的苏堤。总之，颐和园在叠山理水、花木配置、建筑布局、文物陈设、借景造景等方面，全面、典型地展示了中国古典造园艺术所达到的成就和境界。

（二）万寿山和昆明湖

万寿山，属燕山余脉，高约60米。建筑群依山而建，从山脚的"云辉玉宇"牌楼，经排云门、二宫门、排云殿、德辉殿、佛香阁，直至山顶的智慧海，形成了一条层层上升的中轴线。东侧有"转轮藏"和"万寿山昆明湖"石碑。前山以八面三层四重檐的佛香阁为中心，组成了巨大的主体建筑群，华丽雄伟，气势磅礴。西侧有五方阁和铜铸的宝云阁。后山有宏丽的西藏佛教建筑和屹立于绿树丛中的五彩琉璃多宝塔。山上还有景福阁、重翠亭、写秋轩、画中游等楼台亭阁，登临可俯瞰昆明湖上的景色。

昆明湖，位于万寿山南麓，约占全园面积的 3/4，为中国园林中面积最大的湖泊。但它的水面却并不单调，反而充分利用了水面的空间，使之更具江南风情。昆明湖原本

昆明湖风景

只是一个由泉水汇聚而成的湖泊，叫西海，面积还没有现在的一半大。到乾隆年间修建园林的时候，将这里进行了改造，扩湖、堆山，从而形成了今天的湖泊。

为何取名昆明湖？两千多年前的汉朝初年，以武略取得天下的一代帝王汉武帝听闻印度文化之恢弘深厚，为求得一缕佛香，遂遣使向南而来。在大理，被民风强悍的"昆明部落"所阻，出使团只能无功而返。

但此行最大的收获是意外地见到了碧波万顷、湖水四季清澈、渔歌清越婉转的昆明湖。回到长安，将士们将这里的奇境异事富于修饰地向汉武帝描述了一番。于是，汉武帝就派人在长安附近开凿了形似洱海的"昆明湖"，教习水战以备来年攻伐昆明。乾隆皇帝根据这个典故，将西海改为昆明湖，并效仿汉武帝在这里演习水师，这就是昆明湖名称的由来。

昆明湖是清代皇家诸园中最大的湖泊，湖中一道长堤——西堤，自西北逶迤向南。西堤及其支堤把湖面划分为三个大小不等的水域，每个水域各有一个湖心岛。由于岛堤分隔，湖面富于层次，避免了单

绿荫西堤

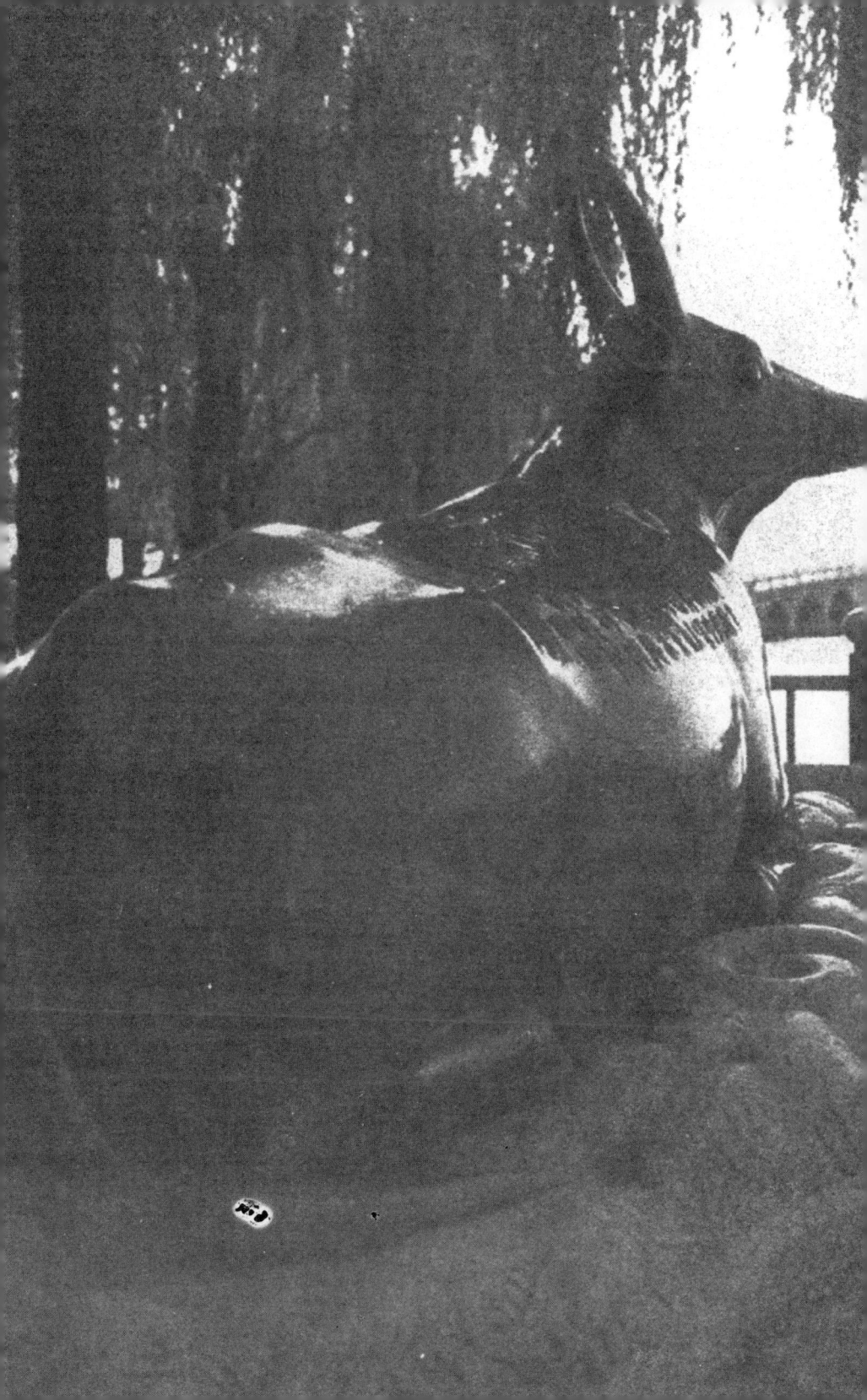

颐和园西堤上的幽风桥

调和空疏。西堤以及堤上的六座桥是有意识地模仿杭州西湖的苏堤和苏堤六桥，使昆明湖益发神似西湖。西堤从北向南依次筑有界湖桥、幽风桥、玉带桥、镜桥、练桥、柳桥六座样式各异的桥亭。园外数里玉泉山的秀丽山形和山顶的玉峰塔影排闼而来，被收摄作为园景的组成部分。从昆明湖上和湖滨西望，园外之景和园内湖山浑然一体，这是中国园林中运用借景手法的杰出范例。湖岸和湖堤树绿荫浓，掩映潋滟水光，呈现一派富于江南情调的近湖远山的自然美。

（三）主要建筑

颐和园一共有五个门，分别是：如意门、北宫门、东宫门、新建宫门和南门，但我们一般都是从颐和园正门东宫门进入，这里聚集了最多的古建筑、最丰富的景点。

1. 政治活动区

以威严庄重的仁寿殿为代表的政治活动区，是清朝末期慈禧与光绪处理内政、外交政治活动的主要场所。在清朝末期，慈禧太后掌握着清朝的政治大权，这不仅是实际的掌权，在建筑的布局上也可以看出她的用心。

（1）东宫门

在东宫门外，有一座"涵虚罨秀"的牌楼。其中"涵虚"的意思是天地开阔、山清水秀、包罗万象，"罨秀"有捕捉美景之意。大门两侧蹲着两只铜狮子：公狮右爪踩球，象征着一统江山；母狮左爪扶幼狮，象征着母仪天下。而且我们在颐和园里面见到了世界上唯一一对"龙在下，凤在上"的雕塑，是慈禧太后掌握大权的象征。

东宫门是颐和园的正门。东门共有五个门孔，中间檐下挂着九龙金字大匾，上

东宫门前的铜狮

面的"颐和园"三个大字，为光绪皇帝的手迹，"颐和"二字则取颐养精神、心情平和的意思。中间台阶上嵌砌的二龙戏珠，据说是从圆明园安佑宫的废墟上移来的，雕刻精美生动，是清乾隆年间的作品。

有人讲，只有慈禧太后的辇乘可以从东宫门的中路进入园内，其余的辇乘、轿子不能由正门进入。门外两侧的铜狮子是乾隆帝兴建清漪园时的遗物，造型别致，十分美观。

（2）仁寿门

东宫门区即是颐和园的政治活动区，南侧对称排列着南北九卿房，是清朝九卿六部值班的地方。往前走，便来到了仁寿门，迎面会看到五块叫做"峰虚五老"的太湖石，

仁寿门

颐和园

寓意长寿。在汉白玉须弥座上的铜制怪兽，即我们说的麒麟，是龙九子之一，象征吉祥富贵。在殿前还陈设有两对龙凤造型的铜香炉，在朝觐活动中是用来点香渲染气氛的。按古代礼制，龙居中，象征皇帝；凤在两侧，象征皇后。而在这里，却是龙在两侧，这与清朝末年慈禧太后垂帘听政不无关系，突出了凤的地位。

（3）仁寿殿

仁寿殿是皇帝会见大臣、接见外宾、处理政务的地方。在乾隆年间的时候，规定凡是当朝的大殿都要叫勤政殿，意思是游园不要忘了勤理政务。

仁寿殿

仁寿殿殿前的异兽狻猊

仁寿殿采用了灰瓦卷棚顶，院中有山石松柏、假山古树，古朴葱郁，并建有花台，具有浓厚的园林气息。始建于1750年，1860年被英法联军烧毁，1890年重建时，更名为仁寿殿，取自孔子《论语》中的"仁者寿"，意思是施仁政的人可以长寿。

殿前放置着异兽狻猊。传说龙生九子，狻猊是九子之一，能辨忠奸善恶。这些兽龙头、鹿角、狮尾、牛蹄、全身鳞甲，并生有避火纹。狻猊原为一对，放在圆明园内，1860年被英法联军毁坏了一只。

作为政治活动区的主要代表建筑，仁寿殿内部的布置非常精美华贵，细小处也谨慎处理，不只代表着皇室的威严和面貌，更有着深层次的文化内涵和寓意。

现在，仁寿殿的陈设和原状是基本一致的。殿内的地平床上有九龙宝座。它后面还设有紫檀木九龙屏风，屏风以紫檀木为框架，雕有九条闹龙，中心是玻璃镜，镜面上写有226个不同写法的"寿"字。在宝座四周，还设有掌扇、角端等。其中角端是传说中的异兽，实际用处是香炉，用以渲染气氛。

而殿内两侧的暖阁，是慈禧和光绪还有王宫大臣休息的地方，当中有一幅"百蝠图"的缂丝工艺品，中间还有一个慈禧亲笔写的"寿"字，因为"蝠"与"福"同音，所以

仁寿殿一景

品味颐和园

这幅工艺品也被称为"百福捧寿图"。插屏是清代乾隆年间制品，制作方法是用朱漆涂在楠木胎上，共涂漆80至90层，待漆晾干后再雕花纹，屏上镶有象牙和翡翠等珍品。镜框用红木雕刻而成，据说这面镜子是瑞典的赠品。桦木银狮是桦木树根经过加工雕刻成的一对狮子，形态生动逼真。插屏上所绘的是洞庭湖风景。它是用翠鸟的羽毛粘贴而成，这种羽毛永不褪色，虽然历时二百余年，但是颜色仍很鲜艳。

宝座也由紫檀木雕成，椅背由九条闹龙组成，是慈禧和光绪皇帝会见大臣时的座位。龙是皇帝的象征，数字九是个位数

硕和园仁寿殿内景

颐和园

中最大之数，所以九龙代表着皇帝的至高无上。

在座位的后面，掌扇是宫廷陈设，上面缀饰孔雀翎羽，由宫女举着，是仪仗的一种，到清朝时则固定在座架上。角端是神话中的一种独角怪兽。传说它日行18000里，精通四方语言，所以常在君王左右。实际上这对景泰蓝制的角端，是一对熏香用的铜炉，腹中燃点香料，香烟从张大的口中吐出，既是装饰品，又美观实用。鹤灯为点蜡用的大烛台，共有12只，是造型精美的景泰蓝制品。九桃铜香炉是清代乾隆年间铸造的燃点檀香用的香炉，桃表寓意寿。

颐和园仁寿殿前的香炉

2.生活区

（1）寿膳房

德和园东门外的寿膳房，是清朝慈禧太后的御膳房，有8所大四合院，100多间房屋，占地8000多平方米，作为个人膳房其规模之大举世罕见。有关资料记载，慈禧每天饭费是60两白银，当时可买大米7000斤。所以民间传说："帝后一席饭，农民半年粮。"真是恰如其分。为慈禧炒菜、做茶食点心和做奶制食品的厨师共有

晚年慈禧像

120 人。就以 1894 年为例，慈禧为了在颐和园内庆祝 60 岁生日，共花去白银 540 万两，还在南方织造了 10 万匹彩绸，光是在仁寿殿前支搭一座彩棚，就用了 17000 多匹，并从紫禁城的西华门到颐和园和东宫设置 60 个景点。由此可见，封建帝王的生活何等豪华奢侈、挥霍无度。

慈禧 70 岁生日时，大臣们进贡的礼品中有麻姑献寿人物一对，比真人还高大，是景泰蓝制品，在同类工艺品中，独一无二，现陈设在排云殿内。

（2）德和园大戏楼

穿过仁寿殿便是当年光绪皇帝和慈禧太后看戏的场所——德和园，取自《左转》：

德和园大戏楼

"君子听之以平其心，心平德和。"意思是听了美好的曲子，就会心地平和，达到道德高尚的境界。

据记载，清漪园也是乾隆和大臣们举行诗文酒会的地方，以地面的三层大戏楼最为著名，1860 年被英法联军烧毁，1897 年慈禧太后六十寿辰时在怡春堂遗址上改建的，共用白银 160 万两。

德和园的大戏楼是清代三大戏楼中最大的，它结构严谨，十分壮观，高 21 米，低台宽 17 米，分为三层，自上而下分别是福台、禄台和寿台。在寿台地板上还有一口深水井，四眼干土井，各层地板都可以开合。在开启时，天井和地井沟通，顶部有绞车牵引，可以使剧中的神仙鬼怪在舞台上上天入地，寿台下面的井还可以起到声音共鸣的作用，使演员声音更加洪亮，水井还可以用于表演龙口喷水等景观。除此之外，还设有扮戏楼，是供演员化妆用的。现在我们看到的展示戏装、陈设慈禧的奔驰车的地方就是当时的扮戏楼。在戏台的对面，是颐乐殿以及东西侧的廊子，这里就是当时帝后和王宫大臣们看戏的地方。殿内正中设有金漆珐琅百鸟朝凤宝座，是慈禧受贺时用的，凤为百鸟之王，把这个屏风放在颐乐殿，暗喻了慈禧太后的权威。当年王宫大臣看戏的廊房现在已经开辟为颐和

德和园大戏楼为三层建筑

颐和园

玉澜堂

园文物展览室，东侧是慈禧太后的服饰以及生活用品，西侧则是制作精美的工艺品。

（3）玉澜堂

玉澜堂是一组建筑别致、环境幽雅的四合院，出自晋代诗人陆机："玉泉涌微澜"的诗句，这里是光绪皇帝来颐和园时居住的地方。维新变法失败以后，光绪皇帝被软禁在南海的瀛台岛上，每年慈禧来到颐和园，他也必须一同前来，住在玉澜堂。为了控制光绪的一举一动，慈禧太后命人在玉澜堂周围修筑了不少砖墙，门口还有太监把守，此时的玉澜堂好像一个与世隔绝的地方。现在，原来的砖墙已经大多拆除了，基本上恢复了

光绪皇帝的寝宫

以前的面貌，只有玉澜堂东西配殿内的砖墙仍然保持原来的样子，作为有关变法的遗迹供游人参观。

在玉澜堂殿内有乾隆时期制作的地平床、宝座、屏风、香几等等，东暖阁是光绪的早餐室，西暖阁是寝室，殿外东侧是书房，西侧是洗手间、浴室以及更衣的地方。殿内的御案是紫檀木框架，以沉香木为中心，做工十分精美。围屏是用两层玻璃合成的，上边既有中国山水画，也有西洋的风景画，颜料是用天然宝石研磨而成的，至今色彩依然十分艳丽。前层玻璃的背面画有前景和中景，后层玻璃的正面有中景和远景，两层之间相隔一段距离，立体感极强。而殿中"复殿留景"的匾额意思就是深宫中住着圣明之君。

在玉澜堂的后边就是宜芸馆，宜芸馆是适于藏书的地方。正殿是光绪的皇后隆裕居住的地方，西配殿曾是光绪宠妃珍妃的住所。在戊戌变法失败以后，慈禧命令隆裕皇后住到石丈亭北西四所的第一所，让珍妃住到第二所，从这以后，光绪皇帝想见到自己的后妃都很困难了。

（4）乐寿堂与败家石

乐寿堂庭院中陈设的铜鹿、铜鹤等

出了宜芸馆，就是乐寿堂了。"乐寿"出自《论语》中"智者乐，仁者寿"一句，意思是说，这里是仁者智者居住的地方。乐寿堂是生活区里的主要建筑，在乾隆年间，是乾隆母亲纽钴禄氏居住的地方；光绪年间，慈禧太后住在这里。通过了"水木自亲"，也就是乐寿堂的正门，就进入了庭院。

在庭院中陈设了很多的物品：铜鹿、铜鹤、铜花瓶，分别借鹿、鹤、瓶的谐音，取意"六合太平"，意思是天下太平。园内还种植有玉兰、海棠、牡丹，取意"玉堂富贵"。中间有一大块太湖石，因为形状像灵芝，所以叫做青芝岫，我们更经常叫它"败家石"。

在乐寿堂殿内有以玻璃镜子为中心的紫檀木屏风，上边还镶嵌有贝雕饰物。镏金九桃大熏炉是用来焚烧檀香的，起到调节室内空气的作用。桌子上的两个青花大瓷盘是清代青花瓷的代表作，用来盛放水果，供慈禧观赏和闻香气。在殿内东西两侧还有百鸟朝凤、孔雀开屏两副坐屏，都是粤绣精品。殿顶悬挂的五彩玻璃吊灯，是 1903 年从德国进口的，它是我国早期的电灯之一，发电机安装在文昌阁附近。在慈禧太后吃点心和品茶的时候，还可以观赏鱼桌，它是以金星紫檀木为框架，镶有玻璃台面，桌子里边还镶嵌着用珍贵材料镂空雕琢的山水人物和亭台楼阁，密封性良好，可以养金鱼。殿内"慈晖懿祉"的匾额意思是：受母后之深恩，托母后之洪福。

（5）扬仁风和扇面殿

乐寿堂的西跨院叫"扬仁风"，殿名取《晋书·袁宏传》典故：袁宏出任东阳郡守时，谢安以扇赠行，袁答曰："辄当奉扬仁风，慰彼黎庶。"意为将实施仁政以安抚百姓。此殿始建于乾隆年间，庭院内的建筑极具江南园林特色。在园内北面的正中山坡上，有扇面形状的"扇面殿"，殿前地面使用汉白玉砌成的扇骨、山轴，整座殿堂好像一把打开的折扇。

（6）长廊——世界上最长的廊

从扇面殿出来，就到了连接万寿山与昆明湖的长廊。它东起邀月门，西至石丈亭，全长 728 米，共 273 间。由于长廊的地基是随着万寿山地势高低而起伏的，所以廊身的走向是随昆明湖北岸

颐和园长廊

品味颐和园

的弯曲而变化的，在地势高低和变向的连接点上，还建有四座亭子，代表春夏秋冬，分别是留佳、寄澜、秋水和清遥，设计十分巧妙。长廊是我国园林中最长的游廊，也有画廊之称，在廊中共有苏式彩绘 1.4 万多幅。所绘制的内容时间跨度非常大，从三皇五帝到清朝，上下五千年，可以称得上是我国文化史的一个缩影。

3. 祝寿庆典区

走出长廊，就来到了以排云殿为中心的祝寿庆典区，这里是万寿山前山最宏伟的一组建筑，它们构成了万寿山的中轴线。整个景区由两条垂直对称的轴线统领，东西轴线就是著名的长廊，南北轴线从长廊中部起始，依次为排云门、排云殿、德辉殿、佛香阁等。清代乾隆年间用巨石垒起的佛香阁是全园的中心，也是全园中最高大的建筑物。

（1）佛香阁

佛香阁是全园建筑的中心，台基 20 米，高 41 米，结构为 8 面 3 层 4 重檐，建于乾隆二十三年（1758 年），在光绪十七年的时候重建，耗费了银两 78 万多两，是颐和园中花费最多的工程。阁内有 8 根铁梨木

佛香阁

颐和园

排云殿

大柱子直贯到顶。

"佛香"二字源于佛教对佛的歌颂，佛香阁艺术水准非常高。阁内供奉有铜铸金裹千手观世音菩萨站像，此地为慈禧念佛吃斋的地方。佛香阁不仅是颐和园的标志，而且是中国古代建筑中的精品之一，有很高的建筑艺术价值。

（2）排云殿

排云殿建在乾隆年间大报恩延寿寺中大雄宝殿的遗址上，是慈禧太后过生日时接受百官朝贺的地方。"排云"一词出自晋代诗人郭璞的"神仙排云出，但见金银台"。在殿内，除了宝座、屏风等常规陈设以外，还有一些渲染气氛的特殊陈设，比如用台湾乌木雕刻的屏风、沉香木雕刻的寿字、圆镜插屏、金漆梅花树船和桦木根雕群仙祝寿。在祝寿的时候，二品以上的

宝云阁

官员跪拜在排云门内，而三品以下者则在门外，光绪皇帝在二宫门正中跪拜，慈禧则坐在正殿内的九龙宝座上接受拜贺，可见慈禧太后当时地位之高。

殿内陈列的各种盆景、文物，大都是慈禧70岁生日时大臣们所送的贡品；殿内的大幅慈禧油画像，是1905年慈禧71岁时由美国人卡尔女士画的。

沿殿两边斜线上行，穿德辉殿，路两侧有"转轮藏"和高达9.88米的"万寿山昆明湖"石碑。西侧有五方阁和铜铸的宝云阁。

（3）宝云阁——"铜亭"

宝云阁又名"铜亭"，坐落在一个汉白玉雕砌的须弥座上，外观像木结构，由207吨黄铜打造，通体是蟹青冷古铜色，造型优美，是世界上少有的珍品。铜桌安置在"宝云阁"内，铸造于1755年，共用414000斤铜。据档案记载，铸造后，为了磨光表面，仅挫下的铜屑，就多达5000斤，可见工程规模之大。

智慧海无梁殿外壁上嵌有1008尊小佛

（4）智慧海——无梁殿

佛香阁之上，便是万寿山之顶。正中有一座琉璃阁，为颐和园海拔最高的建筑——"智慧海"。该建筑建于乾隆年间，用琉璃砖瓦和石料所建，名称来自《无量寿经》："如来智慧海，身府无崖底。"意思是如来佛智慧如海，佛法无边。智慧海是最独特的建筑，内部结构以纵横交错的木梁支撑顶部，未使用一梁一柱，为名副其实的"无梁殿"。这里两层无梁殿，原来供奉有无量寿佛，外壁上还嵌着1008尊小佛，1860年英法联军入侵的时候，殿堂虽然没有被烧毁，但是这些佛像却遭到了破坏。在这里俯瞰整个昆明湖，视野开阔，附近的西山、玉泉山，前方的北京市区都能清晰可见，为鸟瞰颐和园全景的最佳地点。

4. 后湖景区

颐和园最北部的后山叫后湖景区，虽然建筑较少，但林木郁郁葱葱，山路曲折，优美恬静的氛围和前山的恢弘华丽形成鲜明对比。

后山后湖俗称苏州河，有具有江南特色的苏州街和西藏建筑，对比强烈，却又各显妙趣。颐和园里有许多景点效法了江南园林的风格，如谐趣园就是仿无锡寄畅园建造的。后山的东端，有眺远斋和被称为"园中之园"的谐趣园。

谐趣园原名惠山园，是模仿无锡寄畅园而建成的最富盛名的一座园中园。全园以水面为中心，以水景为主体，环池布置清朴雅洁的厅、堂、楼、榭、亭、轩等建筑，曲廊

颐和园内的小园林—谐趣园

颐和园

连接，间植垂柳修竹。池北岸叠石为假山，从后湖引来活水经玉琴峡沿山石叠落而下注于池中。流水叮咚，以声入景，更增加这座小园林的诗情画意。

谐趣园始建于乾隆时期，后经嘉庆皇帝改建，咸丰十年毁于兵火，光绪年间重建。今日所见，规模大抵同于嘉庆时，为典型的江南私家园林风格。江南私家园林往往以水面为中心，环水布置各式建筑。建筑之间，相互构成对景。通过隔、透、隐、通、连等手段，使各式建筑发生关系，形成一个有机整体。这些建筑之中，体量规模相互陪衬，必有一座点睛的主体建筑。嘉庆年间所建涵远堂即是谐趣园之主脑。现在谐趣园北部主脑之涵远堂为当时所无，当时园内建筑密度较稀，有通透疏朗之气象，园内回廊则为光绪时所添。谐趣园北部墙角有一长片假山，材料多为名贵的太湖石，叠石亦有技巧，能得地势之利，与园内整体气氛颇融洽，这大概是北京城最名贵精致的叠石假山了。当年乾隆皇帝酷爱苏州狮子林假山，对于惠山园叠石，一定是要求极高。惠山园规模不大，以乾隆时期工程速度，何以要建三年之久，原

谐趣园一景

谐趣园凉亭

因大概就在这一片叠石吧。太湖石在乾隆年间已不易得到，筹集如此规模的太湖石绝非易事，况且假山叠石造型体量又是如此之大。谐趣园门口，万寿山东麓向南、向北之山径，护坡石亦皆用太湖石，且叠石亦颇讲究。可以想见当年工程之不易。

清代光绪时重建谐趣园，园内共有亭、台、堂、榭 13 处，并用百间游廊和五座形式不同的桥相沟通。所有建筑都围绕中间的水池展开，循廊前进，一步一景。园内西北角有一人造山泉，引来后湖的水，流水潺潺，从绿竹中流出。这种小桥流水的景致，再现了江南园林的特色。园内主体建筑涵远堂，是慈禧太后在谐趣园内的偏殿，供游览时休息之用。

三　风雨颐和园

颐和园冬景

颐和园，一个让人们可以联想到慈禧太后的皇家园林，人们津津乐道于慈禧的奢侈和糜烂，她挪用海军军费来修建她的消夏度假、颐养天年之宫苑，使得中国的军事力量在强大的西方国家面前更显得是以卵击石，把清政府的最后没落也归功于她，至少她是将骆驼压死的最后一根稻草。

（一）由古至今

1. 乾隆——颐和园真正的始创者

颐和园这座庞大的皇家园林，不可能只是一个朝廷、甚至是一个人可以兴建的，所以把它看成是慈禧太后奢侈浪费的罪证不太恰当。它实际上经过了好几代皇帝的

颐和园一景

营建有了今天这样的规模的。其实，乾隆皇帝才是颐和园的始创者！

据史料记载，清代乾隆十五年三月十三日（1750 年 4 月 19 日），乾隆皇帝为迎接其生母崇庆皇太后于次年到来的六十岁大寿，决定在好山园旧址挖湖堆山、大兴土木，营建清漪园。乾隆将瓮山更名为"万寿山"，在山前建造了为母祈福祝寿的"大报恩延寿寺"。又将瓮山泊更名为"昆明湖"，取汉武帝在长安开挖"昆明池"，以操练水军、策划攻掠滇池之滨的昆明之典。全园改称清漪园。至此，北京历史上的"三山五园"皇家园林区正式形成了。

俯瞰颐和园排云殿

与当时南方多为私人所有、讲究小巧雅致的江南园林相比，三山五园在整体建筑风格上更注重宏大辉煌，处处显示出雍容华贵的皇家气派，但颐和园却既有皇家气派，也有小家碧玉的秀气。

2. 百年风雨，百年发展

乾隆在此兴建了皇家园林——清漪园，在乾隆继位之前，在北京的西北郊一带，已由东向西建起了圆明园、畅春园、静明园、静宜园四座大型皇家园林，这四座园林自成体系，相互间缺乏有机的联系，中间的"瓮山泊"成了一片空旷地带，乾隆决定在瓮山一带动用巨额银两兴建清漪园，在这一山一湖的基础上建造一座新的园林，以此为中心把两边的四个园子连成一体，于是形成了从今清华园到香山长达二十公里的皇家园林区。

早在辽金元三代，皇帝们就已经看中这块得天独厚的地方，开始在这处有山有水的佳境修建皇家园林了。在有关颐和园的史料中，我们见到了这样的记载：金朝时（1115-1234年），海陵王完颜亮于1153年迁都燕京（今北京）后，就曾在这里兴建了"金山行宫"，为北京西山八院之一。到了元朝（1271-1368 年）金山更名为瓮山。传说早年有一位老人，曾在山上掘出一个装满宝物的石瓮，因此得名。瓮山的前方，原有一片由泉水汇聚成的湖泊，称瓮山泊。元代著名水利家郭守敬，主持开发了西山一带的水源，引昌平神山泉水及沿途流水注入湖中，并将瓮山泊的水引到城内，对当时北京城内的用水和沟通城内与郊外的水上交通起过一定的作用。

明代时又在湖边建立了许多寺院和亭台。其中，以明弘治七年（1494 年）所建的"圆静寺"最为著名。后来皇家又在这里建了好山园。到了万历十六年（1588 年），这

颐和园十七孔桥

颐和园内的古树

里已经具有一定的园林规模,享有"十里青山行画里,双飞白鸟似江南"的称誉。1644年清廷定都北京后,将好山园更名为"瓮山行宫"。

然而让这里真正成为一处皇家园林是在清代。康熙年间就曾在此修建行宫,到了乾隆十四年到二十九年(1749—1764年),该园的规模已达到鼎盛时期,乾隆帝为了给母亲祝寿,就在原来的基础上扩湖、堆山修建了清漪园,并将疏浚后的西湖(即金代瓮山泊)改名为昆明湖。

3. 改为今名"颐和园"

光绪十二年六月初十日 (1886 年 7 月 1

日），垂帘听政的慈禧太后宣布，将于次年正月"撤帘"，由年将16岁的光绪皇帝亲政。慈禧乘机提出，要重建清漪园，以作为自己"离退休养"的场所。两年后，光绪皇帝将重建中的清漪园更名为"颐和园"。他说，"朕自冲龄入承大统，仰蒙慈禧皇太后垂帘听政十有余年，万几余暇，不克稍资颐养……"将清漪园旧名，改为颐和园。"颐和"一词，即是供慈禧"颐养天和"之意。

4. 两毁两建

从19世纪开始，清政府逐步走向了衰亡的道路，而西方资本主义国家却正在蓬勃发展，进入扩张时代，到处进行侵略扩张，

加上神秘的东方在他们的想象中是个遍布黄金珠宝之地，于是争先恐后地把目光瞄向了中国，抢着要来瓜分。

颐和园是清代四处皇家园林中最后一个建成的，但它恢弘的气势、精美的建筑、浓厚的文化内涵，使得它成为著名的三山五园之一。和我国古代的大多数皇家建筑一样，它没能躲过入侵者的践踏，颐和园作为一处皇家园林，不可避免地成了侵略者眼中的肥肉。在咸丰十年（1860年）第二次鸦片战争中，英法联军疯狂抢劫并焚烧了园内大部分建筑，除宝云阁（俗称"铜亭"）、智慧海、多宝琉璃塔幸存外，珍宝被洗劫一空，建筑夷为一片废墟。光绪十二年（1886年），清政府挪用海军军费等款项3000万两白银在清漪园的废墟上重建新园，并于两年后改名为颐和园，作为慈禧太后晚年的颐养之地。工程延续了将近十年，直至1895年才基本结束。从此，颐和园成为晚清最高统治者在紫禁城之外最重要的政治和外交中心，是中国近代历史的重要见证与诸多重大历史事件的发生地。1898年，光绪帝曾在颐和园仁寿殿接见维新思想家康有为，询问变法

石狮

事宜；变法失败后，光绪曾被长期幽禁在园中的玉澜堂。

光绪二十六年（1900年），八国联军侵入北京，颐和园再遭洗劫，后慈禧又动用巨款重新修复。1902年清政府又予以重修；清朝末年，颐和园成为中国最高统治者的主要居住地，慈禧和光绪在这里临朝听政、颁发谕旨、接见外宾……

颐和园是中国近代历史的见证，同时也是中国文化和文明的有力象征。数百年来，这里一直是封建帝王、皇室的享乐之地，解放后辟为公园。1961年国务院公布颐和园为全国重点文物保护单位。1998年12月2日，颐和园以其丰厚的历史文化积

颐和园佛香阁

颐和园

颐和园十七孔桥

淀、优美的自然环境景观、卓越的保护管理工作被联合国教科文组织列入《世界遗产名录》。

世界遗产委员会对颐和园的评价是：

1. 颐和园是对中国风景园林造园艺术的一种杰出的展现，将人造景观与自然和谐地融为一体。

2. 颐和园是中国造园思想和实践的集中体现，而这种思想和实践对整个东方园林艺术文化形式的发展起了关键性的作用。

3. 以颐和园为代表的中国皇家园林，是世界几大文明之一的有力象征。

（二）颐和园故事

颐和园拥有几百年的历史，作为清代皇帝的居住游乐之所，它从最初的清漪园发展到如今的规模，其中发生的故事当然很多，也正是这些或真或假的故事为颐和园的骨架添上了丰满的血肉，使得它不仅仅是凝固的建筑，更有鲜活的生命、栩栩如生的面貌，就让我们从这串串珍珠中撷取一二吧。

1、长廊

长廊循万寿山南麓沿昆明湖北岸构筑，始建于清乾隆十五年（1750年），1860年被英法联军焚毁后，于1888年又重新建造。

颐和园石栏建筑

颐和园

颐和园长廊全长728米，以四根柱子为一间，共273间，是世界上最长的长廊。长廊东起邀月门，取自李白的诗句"举杯邀明月，对影成三人"；西至石丈亭，中间穿过排云门，两侧对称点缀着留佳、寄澜、秋水、清遥四座重檐八角攒尖亭，象征春夏秋冬四季。

长廊上绘14000多幅彩画，又有"画廊"之称。其中有关西湖风光的546幅，是乾隆十五年建造长廊时，命人到杭州临摹回来画上的。长廊人物画多采用我国古典文学名著，比如《西游记》

颐和园长廊

风雨颐和园

《三国演义》《红楼梦》等等，所设计的内容时间跨度非常大，从三皇五帝到清朝，上下五千年，可以称得上是我国文化史的一个缩影。长廊彩绘属于"苏式彩画"，是中国木结构建筑上的装饰艺术。它的特点是：主要画面被括在大半圆的括线内（称为"包袱"）；无固定结构，全凭画工发挥，同一题材可创作出不尽相同的画面。长廊彩画题材广泛，山林、花鸟、景物、人物均有入画。

颐和园亭子内的彩绘藻井

在 1990 年，颐和园长廊被《吉尼斯世界纪录大全》评为全球画廊之冠。

传说，颐和园修建好以后，慈禧每年都有一大半的时间要在这里"颐养天年"。开始的时候，慈禧很是喜欢颐和园的江南景色，然而时间一长，就什么都不觉得新鲜了。慈禧心想：一眼望去山水全在眼前，四季不变，真是没意思，如果在湖边建造点儿什么，让我走一步就看一个景色该多好。

一日，心情烦闷的慈禧又要出去散步，王公大臣们忙顺从并伴其左右，当一行人走到万寿山下的南坡时，下起了雨，太监李莲英慌忙上前撑起雨伞。没想到，此时

颐和园长廊

长廊彩画

慈禧的脸竟由阴转晴了，李莲英正在纳闷，慈禧说话了："雨伞真好，不仅可以遮风挡雨，还让我看到了另外一番景致。"众人不解。

回到寝宫后，慈禧立即召见了工匠，将自己的想法告诉了他。不久，在万寿山的南坡与昆明湖之间出现了一条长的

的走廊。

　　慈禧太后的奇想，成就了一座美丽的长廊，让我们追随历史，漫步在幽美的长廊里。

　　也许又是一则故事，但是这个长廊确实给了我们一步一景的惊奇与赞叹！且不说廊上一万四千余幅苏式彩绘，令人交口称赞，是园中珍贵的艺术品；只说建造者的智慧，使你在这 728 米的长廊中游览时，竟然感觉不出它的起伏和曲折，就使人惊叹连连了。奥妙在于长廊中间的 4 座八角亭起到了高低过渡和变向联结点的作用。同时利用左右景观转移了你的视觉观感。其实，长廊也是随坡就弯而建，如彩带一般，把前山各景点紧紧连接起来，又以排云殿为中心，自然而然把风景点分为东西两部分。廊中夹亭，这些亭轩既有点景作用，又有倚衬和支撑长廊的妙用。

2. 败家石

在颐和园乐寿堂院内，有一块横卧在汉白玉石座上的北太湖石，名叫青芝岫，俗称"败家石"。每天都有不少人在此石前停步细观，兴致勃勃，侃侃而谈。

这块轰动京城的巨石产自京郊房山群峰之中，四百多年前，被明朝一位太仆米万钟发现。米氏是宋代米芾后裔，爱石成癖，自称"石隐"，取号"友石"。他多才多艺，诗、书、绘画都有很深的造诣，尤其喜欢奇山异石，米万钟亦善画石，有多种画石本传世。

米万钟为寻求园林置石，不辞辛苦踏遍郊野群山。一日在房山群山中偶尔发现

颐和园内的"败家石"

一块巨石，突兀凌空，昂首俯卧，米氏当即爬上石头顶礼膜拜、赞叹不止，拟将此石置于他的花园——勺园(现北京大学西侧)，"以石取胜"装点勺园，并借此在觅石成风的亲朋中炫耀一番。为此他不惜财力，雇用百余人，先开山铺路，分段引水，掘水井，待严冬泼水为冰，用四十匹马拉石滑行运输。朝中不少大臣、官员和文人去良乡观赏这块以"大、奇、灵、秀、玲珑嵌空，窍穴千百"为特色的园林佳品，并认为它可以与宋代名石相媲美。当时轰动京都，大大超过了皇家御苑的置石品位，也惊动了魏忠贤私党。米万钟对奸臣当政者不屈不谀，无奈难以摆脱

颐和园"败家石"

风雨颐和园

魏忠贤的陷害，由该私党五虎之一倪文焕编造罪状，米万钟遭受诬陷，获罪丢官。

轰动京都的灵秀巨石从此搁置良乡。米万钟唯恐说出真情将会惹出更大祸害，就托言说因运石而力竭财尽。此后人们越传越神奇，遂将此石称为"败家石"。

百年之后，清乾隆皇帝去河北易县西陵为父亲雍正扫墓，路过良乡时，太监禀报米万钟觅石获罪等细节，乾隆大感兴趣，御驾亲往，见石姿不凡，大喜过望，即降旨将其移进清漪园内。

青芝岫俗称"败家石"

颐和园

当时乐寿堂的正门"水木自亲"已经修好，门只有一米多宽，米氏遗石身大体重，难以进院。乾隆下令拆墙破门，硬是把这块巨石安放在现在的地方，在它左右又树起了两块形状别致的太湖石，以烘托气氛。据说皇太后因此大为不悦，认为此石"即败米家，又破我门，其名不祥"，母子之间闹了一场不小的别扭，由此可知此石身世确实不凡。

乾隆把此石置在乐寿堂后，经常观望欣赏，并根据此石的形状和润色，同时也考虑到母亲的讳忌，给此石起名"青芝岫"，取意石岩突兀如青芝出岫，并将三个字刻

巨大的青芝岫

在石头上。

青芝岫长8米，宽2米，高4米，重约二十几吨。由于多年风化，现在"青"字已脱落，"芝岫"二字还清晰可辨。乾隆的《青芝岫诗》也还残留于石上，东侧的"莲秀"，西侧的"王英"均清楚可见。为了迎合乾隆的兴趣，一批大臣也在石头上题诗助兴，使此石有别于它处之石。

四　谜样颐和园

中国人喜欢吉祥祝福的话语，皇家更是为吉利的寓意而大费苦心，乾隆皇帝为庆祝母亲的大寿而建的颐和园，当然更是处处以有美好寓意的要求来设计。

（一）福禄寿之谜

重建颐和园，是为了给慈禧太后祝寿，皇帝要求颐和园的设计必须体现"福、禄、寿"的寓意。过去人们确实在很多建筑、摆设上看到了"福、禄、寿"的体现。那么，颐和园的设计者是如何巧妙地体现出这个要求的呢？

从卫星照片上我们可以清楚地看到，昆明湖霎时变成了一个寿桃，万寿山忽然

颐和园全景

颐和园

展翅成了一只蝙蝠，连十七孔桥也成了一只长长的龟颈。这些精妙的设计到底是古人有意建造还是种巧合？发现者和建筑世家"样式雷"的后代为此作了研究考证。

为了体现皇帝要求的"福、禄、寿"，雷家第七代传人雷廷昌，即颐和园的设计者，他巧用心思，出色地完成了皇上交代的任务。他设计了一个人工湖，将它挖成寿桃形状，在平地上看不出它的全貌，但从万寿山上登高远眺，呈现在眼前的就是一个大寿桃了。而十七孔桥连着的湖中小岛则设计成龟状，十七孔桥为龟颈，寓意长寿。至于"福"字，雷廷昌将万寿山佛香阁两侧的建筑设计成蝙

颐和园一景

谜样颐和园

从颐和园彩色红外遥感图看，昆明湖确实酷似一只寿桃

蝠两翼的形状，整体看来成了一只蝙蝠，蝠谐音"福"，寓意多福。

从今天拍摄的照片中可以看到，昆明湖确实酷似一只寿桃，寿桃的"歪嘴"偏向东南方向的长河闸口；寿桃的梗蒂，是颐和园西北角西宫门外的引水河道。最为称奇的是，斜贯湖面的狭长的西堤，构成了桃体上的沟痕。而万寿山下濒临昆明湖北岸的轮廓线，则恰似一只蝙蝠，振翅欲飞；昆明湖北岸的轮廓线，明显地呈一个弓形，弓形探入湖面的部分，形成蝙蝠的头部；弧顶正中凸出的排云门游船码头，像是蝙蝠的嘴；向左右伸展的长廊，恰似蝙蝠张开的双翼；东段长廊探入水面的对鸥舫和西段长廊探入水面的渔藻轩，适成蝙蝠的两只前爪，而万寿山及山后的后湖，则共同构成了蝙蝠的身躯。

"这张照片必须倒着看，因为当时在设计这个图形时，慈禧只有登临万寿山峰顶的佛香阁，才能看到寿桃的一个大概轮廓。由于视线被其他建筑物遮挡，她站在万寿山上时，蝙蝠的设计也只能看到脑袋和两只爪子，而不能看到蝙蝠的整个形状。"（夔中羽）

益寿堂

今天，通过遥感卫星照片，所有人都能清楚地看到古代建筑中隐藏的奥秘。"其实，在颐和园的三个大门内都悬挂着这张照片，但从来没人想要倒过来欣赏一下。"夔中羽调侃的语气中带着一份惊喜。

（二）雷家家族传说

当年，颐和园工程由清代著名宫廷设计师"样式雷"的第七代传人雷廷昌主持，他复建了昆明湖北岸的长廊，在大报恩延寿寺的基址上建造了园中正殿排云殿，在石舫上重建了二层舱楼，在被焚毁的"八方阁"台座上营造了佛香阁。看起来，巧妙的设计似乎有一定的道理。但寿桃、蝙蝠之谜，是不是古人有意为之还不能过早下定论，必须找到有力的证据。但到目前为止，颐和园里的几个碑文中，都没有提及，现在剩下的唯一线索就是找到设计师家族后代。

雷家考证："桃山水泊，仙蝠捧寿"，虽有传说，但直接证据还有待进一步寻找。相传在清代乾隆年间，皇帝为其母皇太后庆祝六十大寿，要求重新修建园林，命雷廷昌负责修建。但皇上要求在园子里体现"福、禄、寿"三个字，要设计出让皇上满意的效果图可不是那么简单，他正在为设计形状发愁时，一位老者突然造访。

好客的雷家邀请老者住了一宿，当老

颐和园一景

颐和园

者次日离开时，从兜里拿出一个寿桃，放在了桌子上。这时候，突然有只蝙蝠恰好落在寿桃旁边，在桌子周围上下飞翔，这样一个不经意的举动，引起了雷廷昌的思考。雷廷昌一拍脑门，回屋铺开图纸，写下"桃山水泊，仙蝠捧寿"八个字，就把昆明湖设计成了一个寿桃形状，将万寿山设计成了一只蝙蝠。

当然，这只是一个有趣的传说。

其实，巧妙的营造山水系、设置亭台楼阁，使之蕴涵某种吉祥寓意，是古代园林建设中常用的手法。例如恭王府花园"萃锦园"中，就建有平面呈蝙蝠状的殿堂，称为"福殿"。园中还有一座蝙蝠形的水池，称之为

佛香阁

"福河"。在圆明园遗址公园中，长春园西洋楼"方外观"废墟的前方，尚完整保留着两座用石块砌筑的平面呈桃状的水池。虽然能够证明颐和园"福山寿海"的直接证据暂时还没找到，但这正是古人创造力在建筑设计中的巧妙体现。

（三）样式雷

"样式雷"，是对清代二百多年间主持皇家建筑设计的雷姓世家的誉称。中国清代宫廷建筑匠师家族：雷发达、雷金玉、雷家玺、雷家玮、雷家瑞、雷廷昌等。

对普通人来说，"样式雷"这一陌生的名词到底寓示着什么？清朝皇家建筑的最高设计建造机构称为样式房，康熙后

佛香阁内景

颐和园

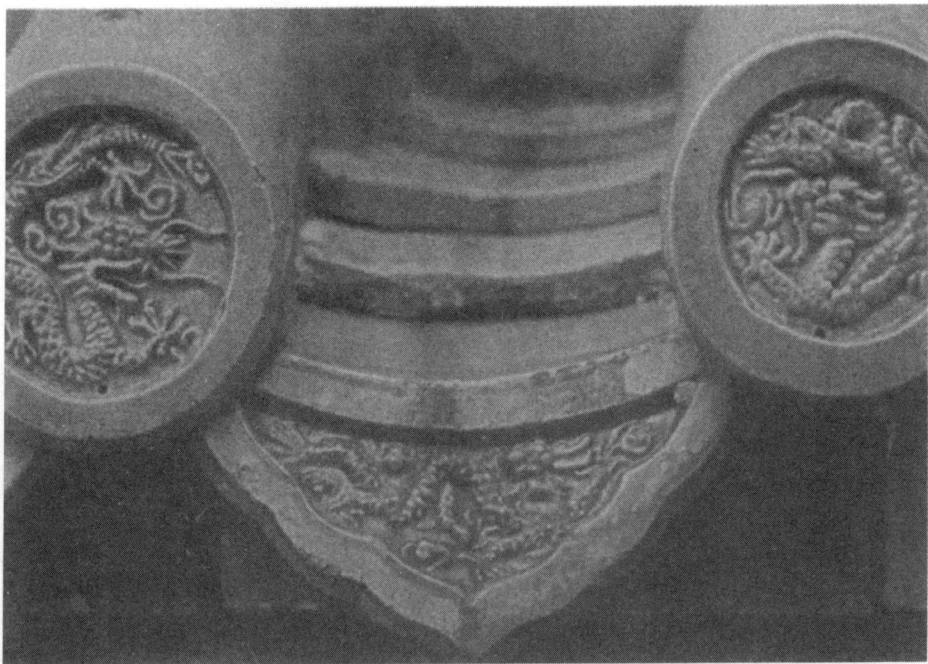

颐和园后山寺院建筑房檐的琉璃瓦

二百年间，一个雷姓家族共八代十一人先后在样式房主持皇家建筑设计，几乎所有的皇家建筑和大型建筑都要经过他们的审核设计，这样的家族被称为"样式雷"，是对他们贡献的绝高赞誉。

"样式雷"的名下，是一个极其庞杂的建筑体系。更为重要的是，这个家族是个全方位的能手，大到皇帝的宫殿、京城的城门，小到房间里的一扇屏风、堂前的一块石碑，都设计得特别精妙，形成了他们独特的建造模式，他们是一个非常正规而系统化的家族设计师。

1. "样式雷"家族的发轫、发展与没落

雷氏家族起于17世纪末年，南方匠人雷发达来北京参加营造宫殿的工作。因为技术高超，他很快就被提升担任设计工作，从他起直到清朝末年，主要的皇室建筑如宫殿、皇陵、圆明园、颐和园等都是雷氏负责设计兴建的，这个世袭的建筑师家族被称为"样式雷"。

"样式雷"祖籍江西永修，从第一代"样式雷"雷发达于康熙年间由江宁来到北京，到第七代"样式雷"雷廷昌在光绪末年逝世，因为雷家几代都是清廷样式房的掌案头目人（即今天的首席建筑设计师），即被世人尊称为"样式雷"，也被称为"样子雷"。

雷发达在很长时间内被认为是"样式雷"的鼻祖。但其实在"样式雷"家族中，声誉最好、名气最大、最受朝廷赏识的应是第二代雷金玉。他因修建圆明园而开始执掌样式房的工作，是雷家第一位任此职务的人。

雷家第二代雷金玉和父亲一道参加了皇家工程的营造。雷发达退役后，雷金玉很快脱颖而出。当时，正逢康熙帝着手营

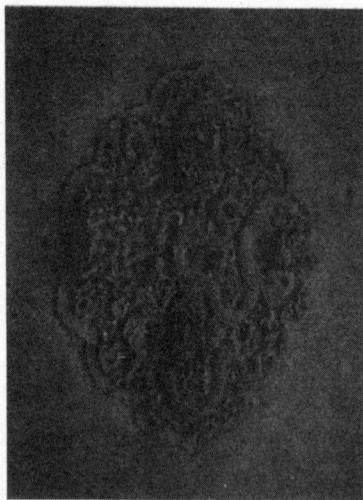

龙形浮雕工艺精美，令人赞叹

颐和园内气派的古建筑

造清代第一座皇家园林畅春园，雷金玉接替父亲"领楠木作工程"，随即"因正殿上梁，得蒙皇恩召见奏对，蒙钦赐内务府总理钦工处掌班，赏七品官，食七品俸"。

在经历了康熙盛世众多重大的皇家建筑营造活动后，雷金玉又在雍正初年圆明园等建设中，凭借炉火纯青的建筑技艺，赢得了雍正的赏识，并在他七十大寿时，得赐"古稀"二字匾额。雍正七年（1729年）末，雷金玉寿终，雍正除恩赏金银外，还下旨令皇家驿站沿途照料运送灵柩返回南京安葬。

乾隆仿效祖父康熙的举措，六下江南，

不仅修建了大量行宫，而且对江南园林情有独钟的他要将精巧别致的江南园林移植到皇城内外。于是就有了扩建圆明园和营造清漪园的设想。"样式雷"的第四代传人雷家玮、雷家玺和雷家瑞，在乾隆与嘉庆年间将祖业继续发扬光大。

在三兄弟中，雷家玺又堪称佼佼者，他不仅设计了万寿山、玉泉山、香山、热河避暑山庄、昌陵和圆明园东路等皇家工程，还在乾隆八十大寿时承办了灯彩与焰火，并设计建造了圆明园中的同乐园大戏台。

雷景修的长子雷思起出生于道光六年（1826年），从小在父亲那里接受严格训练，谙熟皇家营造工程的每一个环节，从建筑设计、施工技术到组织管理，从会计业务到工程地质、生态乃至风水都十分精通。他曾随父亲参与昌西陵、慕东陵等工程，之后又主持了定陵、定东陵、惠陵和西苑及许多王公、贵族的府邸、园林、陵寝的设计。

第七代传人雷廷昌在众多皇家工程中经受历练，顺利接过样式房掌班的重任，主持重建了天坛祈年殿、紫禁城太和门以

颐和园内的古松

及慈禧太后万寿庆典的点景楼台等。他因惠陵金券合拢和隆恩殿上梁有功被朝廷赐为二品，样式雷家族的荣耀至此达到了巅峰。

光绪二十三年（1897年），慈禧太后再度启动圆明园重修工程时，雷廷昌的长子、未满二十岁的雷献彩，担任起圆明园样式房掌班。此后，他又同父亲一道承担了普陀峪定东陵重建和被八国联军损毁的京城宫苑、坛庙、府邸等皇家建筑的重建与修缮，以及"新政"期间各类新式洋房的设计。

光绪二十六年（1900年），八国联军

清朝末年，这座皇家园林曾遭遇浩劫

颐和园

颐和园一景

入侵，北京城和城内外各类皇家建筑再度罹劫。雷廷昌及长子雷献彩主持了大规模修复、重建工程，如北京正阳门及箭楼等城楼、大高玄殿、中南海以及颐和园的重建等。

雷廷昌去世后，清末的崇陵、摄政王府等重大工程设计，均由雷献彩主持完成。

辛亥革命后，清王朝退出历史舞台，皇家建筑设计和样式房差务也随之消失。据雷氏族谱记载及雷家后裔口述，雷献彩曾先后两娶，却皆"无出"，他在失业的忧愁和没有子嗣的悲哀中默默地告别了人世。延续了八代的"样式雷"传承就此终结。

2. "样式雷"设计中的文化意蕴

能够建造皇家宫殿和园林的人可谓凤毛

云辉玉宇牌楼

麟角，更不用说能几百年间世代担任皇家建筑设计师，雷氏家族的建筑风格能一直为皇家认可，他们到底有着什么特殊之处？在"样式雷"的设计中又有着怎样深厚的文化内涵呢？

直至清代末年，雷氏家族有6代后人都在样式房任掌案职务，负责过北京故宫、三海、圆明园、颐和园、静宜园、承德避暑山庄、清东陵和西陵等重要工程的设计。雷氏家族进行建筑设计方案，都按1／100或1／200比例先制作模型小样进呈内廷，以供审定。其台基、瓦顶、柱枋、门窗以及床榻桌椅、屏风纱橱等均按比例制成。雷氏家族烫样独树一帜，是了解清代建筑和设计程序的重要资料，留存于世的部分烫样现存于北京故宫。

长期以来，由于缺乏史料证据，中国古代的辉煌建筑都被认为是靠能工巧匠的经验修建起来的，甚至不需要设计图、施工图。而"样式雷"图档的存在，不仅彻底否定了这种观点，而且体现了中国古代的建筑水平。

中国古代建筑在清朝发展到了极致，建筑规格要求也渐渐走向标准化、定型化，建筑师们的创作重点转向建筑群体的空间布局，这个时期修建的皇家园林和帝王的陵寝，都体现了建筑与环境的和谐统一。

3. "样式雷"获世界文化遗产殊荣

"样式雷"图档入选《世界文化遗产名录》，这是中国迄今为止获得的第五项世界文化遗产项目。中国人的建筑遵照典礼之规制，配合山川之胜势建造，讲求人和自然环境的有机统一，认为建筑是人和自然的一个中介，而这些设计理念是欧洲人缺乏的。这里的精神含义是好的山水环境，能够产生一种天然的永恒的纪念气氛，建

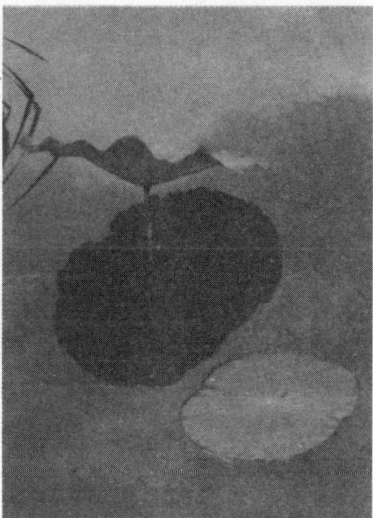
颐和园内的荷花

谜样颐和园

颐和园内建筑前的楹联

筑与自然相配合，这是中国人一贯崇尚的天人合一理念。"样式雷"是中国人智慧的体现，更是中国建筑史上的宝贵财富。

五 颐和园的建筑特色

梁柱上绘有绚丽的彩画

宫殿建筑是皇帝为了巩固自己的统治，突出皇权的威严，满足精神生活和物质生活的享受而建造的规模巨大、气势雄伟的建筑物。这些建筑大都金玉交辉、巍峨壮观。其典型特征是斗拱硕大，以金黄色的琉璃瓦铺顶，有绚丽的彩画、雕镂细腻的天花藻井、汉白玉台基、栏板、梁柱，以及周围的建筑小品。

中国古典园林具有多功能的特点，园林建筑呈现出严格对称的结构美和迂回曲折、趣味盎然、模拟接近自然的自然美两种形式。皇家园林中的宫殿建筑和私家园林中的住宅建筑，以及寺庙建筑在外观设计上多取方形或长方形，在南北纵轴线上安排主要建筑，在东西横轴线上安排次要建筑，以围墙和围廊构成封闭式整体，展现严肃、方正，井井有条。

颐和园这座经历了风风雨雨的皇家园林，也是现存最大、保存最完整的园林，在古代它是统治者政治、生活和娱乐的中心，恢弘壮丽，雄伟与秀丽完美结合，那么作为统治者的尊贵与威严的象征，它又有什么建造特点呢？

（一）建筑类型

为了体现皇权的至高无上，表现以皇权为核心的等级观念，中国古代宫殿

颐和园的建筑体现了皇权的至高无上

颐和园的建筑特色

建筑采取严格的中轴贯通，左右对称的布局方式：中轴线上的建筑高大华丽，轴线两侧的建筑相对低小简单。设计者往往是沿着中轴线一个接一个地纵向布置主要建筑物，两侧对称地布置次要建筑物，布局平衡舒展，引人入胜。这在故宫和老北京城的布局上看得最清楚。

颐和园虽然是行宫，依山傍水、随坡就弯而建，设计师还是千方百计地体现了这种传统的审美观，最明显的便是万寿山南麓以佛香阁为中心的建筑群：从昆明湖北岸的中央码头开始，经云辉玉宇牌楼、排云门、金水桥、二宫门、排云殿、德辉殿、佛香阁、众香界、智慧海这九个层次，层层上升，从水面到山顶构成一条垂直的中轴线，两边布局也是严格对称的。

园林属休闲生活娱乐的场所，建筑在园林中具有使用与观赏的双重功能，常在山石、水景和花木陪衬下成为园林的主景，主要包括厅堂、楼阁、亭榭、廊庑、桥梁、斋馆以及寺观、塔幢、宅第、街市等，有些大型的皇家园林甚至把长城、关隘等也仿缩园中，园林建筑可以

十七孔桥上的石狮

颐和园的建筑特色

说是集各种建筑类型之大成。那么颐和园这座集南北园林精华的皇家园林都有哪些类型的建筑呢？

1. 厅堂

厅堂是园林的主体建筑，一般为聚会迎宾之所，帝王宫苑中的殿堂是上朝听政和接见重臣使节的地方，较之私园中的厅堂更为宏大，但因其在园林中，又比较灵活而富于变化。厅堂的位置往往设在离大门不远的主要游览线上，既是园林的主要景点，也是观赏园景的最佳之处。

如颐和园中的东宫门区，即为政治活动区。南侧对称排列着南北九卿房，是清

仁寿殿

颐和园

朝九卿六部值班的地方。仁寿殿，原名为"勤政殿"，意思是游园不要忘了勤理政务，为接见大臣和外交使节，处理政务的地方。排云殿，建在乾隆年间大报恩延寿寺中大雄宝殿的遗址上，是慈禧太后过生日时接受百官朝贺的地方。

2. 楼阁

一般多为体量较大的高层建筑，不仅是游人登高望远的佳处，同时也是园林最为突出的景观。

颐和园中的佛香阁是其典型代表。佛香阁建于乾隆二十三年（1758 年），在光绪十七年的时候重建，耗费了银两 78 万多两，

佛香阁

颐和园的建筑特色

是颐和园当中花费最多的工程，原来在这里供奉有 5 米多高的金身佛像。

3. 舫

舫是一种仿船形的建筑，又称不系舟，多建于池边或水中，是休息、宴饮、娱乐的场所。

石舫，在昆明湖的西北，万寿山西麓岸边，为白石雕造，名为清晏舫。船体用巨大的石块雕造而成，上建两层舱楼，窗上镶嵌五色玻璃。

4. 亭

亭，"亭者，停也"，亭的功能主要是供游人作短暂的逗留以观览园内外景色，也是园林造景点景的重要手段。亭的位置、式样、大小因地制宜，变化无穷，堪称是中国古典园林中最具特色的建筑形式。

颐和园中的亭特别多，有特点的亭也是很多的，如：

知春亭，位于玉澜堂南面的一个小岛上，四面环水，桥与岸上相通。亭子重檐圆柱，幽雅别致。清漪园时，知春亭岛四面环水，乾隆皇帝多次登临，曾信笔赋诗曰："湖心亭子原依旧，春不期知亭自知。"知春亭字面的取意浅显易懂，此亭是颐和

颐和园石舫

园里最先感知春意的地方。知春亭是昆明湖东部非常理想的观景场所。

　　廓如亭，俗称八方亭，是中国古代园林中最大的一座亭式建筑。始建于 1752 年，当时的东堤尚无园墙，廓如亭不仅能四面观景，还有守护园林的作用。廓如亭内的枋梁上现挂有八块木匾，其中有两块是乾隆皇帝的手书诗句，其余六块是光绪时期大臣为廓如亭量身制作的，其内容摘自《文心雕龙》中的部分词句，用来歌咏景色，赞美时政。

清漪园时期，体量巨大的廓如亭与水面上的十七孔桥以及南湖岛上的望蟾阁共同构成了一幅巨型画作，高楼、长桥、巨亭，三者相辅相成，和谐统一。它们在空间上互相映衬，搭配得天衣无缝、完美绝伦。同时，它还是东堤上一处位置绝佳的观景建筑。

5. 廊

廊子的建筑形式通透开敞、自然飘逸，不仅有联系园林中各种建筑物，给人停歇观赏、遮阳避雨的作用，而且为园林增添了美

颐和园内的长廊

颐和园

颐和园长廊

景，是中国园林中最富特色的建筑之一。

颐和园最著名的廊就是长廊了。它东起邀月门，西至石丈亭，全长 728 米，是我国园林中最长的廊子。

6. 桥

园林中的桥为了游赏的需要，造型变化丰富，艺术性较高。

镜桥位于西堤中部，其八面玲珑的姿态既宜于观赏周围的景致，又能营造出有别于其他桥梁的艺术特征。行至镜桥处，内湖与小西湖隔堤相映，桥亭倩影映入水中。桥名出自李白诗："两水夹明镜，双桥落彩虹。"

汉白玉雕砌的玉带桥建于乾隆年间，拱

高而薄，桥身、桥栏用青白石和汉白玉雕刻而成，远望如一条玉带，故得此名。

十七孔桥和东堤相连接，长150米，宽8米，是园内最大的一座桥梁，得名于桥孔的数目。它西连南湖岛，东接廊如亭，不但是前往南湖岛的唯一通道，而且是湖区的一个重要景点。十七孔桥的栏杆望柱上精雕细刻着544只生动美观、形态各异的小狮子，其手法和卢沟桥的建造风格非常相似，但石狮的数量比卢沟桥多五十余只。

7. 塔幢

塔幢是佛教思想在园林中的体现，也是重要的景观建筑。塔往往建造于曲水转折处或山之峰顶，以控形势，也暗含镇守一方保平安的吉祥寓意。

智慧海位于万寿山的最高处，建于乾隆年间，名称来自于《无量寿经》："如来智慧海，身府无崖底。"意思是如来佛智慧如海，佛法无边。这里是一座用琉璃砖瓦和石料建成的两层无梁殿，原来供奉有无量寿佛，外壁上还嵌着1008尊小佛。1860年英法联军入侵的时候，虽然殿堂没有被烧毁，但是这些佛像却遭到了破坏。

万寿山的智慧海

颐和园的建筑特色

8. 牌坊和牌楼

牌坊和牌楼是由华表演变而成的，华表柱之间加横梁即为牌坊，若在牌坊结构上加斗拱及屋檐则成为牌楼。园林中的牌坊和牌楼多为建筑群的附属建筑，通常坐落在建筑或院落的导入部分、道路的转折或桥头处。北方皇家园林中牌坊和牌楼的设置较为普遍，以显示皇家气派。

在东宫门外，有一座题为"涵虚罨秀"的牌楼。其中涵虚的意思是天地开阔，山清水秀，包罗万象；罨秀有捕捉美丽景色之意。

万寿山上也有"云辉玉宇"牌楼，是此处中心建筑群的开端。

9. 城关和街市

在大型的皇家、王府园林中，往往还建有这类象征军事和商业设施的景点，以显示帝王之家"移天缩地在君怀"的宏大气魄。

颐和园中最著名的街市景点当数苏州街了，原为商业街，仿苏州景色，当时由宫里的太监、宫女扮成买卖人，热闹非凡。

颐和园整体园林艺术构思巧妙，在中外园林艺术史上地位显著，是举世罕见的

颐和园苏州街街景

颐和园内的林间小路

园林艺术杰作。

（二）造景的手法

中国园林讲究"步移景异"，对景物的安排和观赏的位置都有很巧妙的设计，这是区别于西方园林的最主要特征。中国园林总是试图在有限的内部空间里完美地再现外部世界的空间和结构，园内建有亭台楼榭，又有游廊小径蜿蜒其间，内外空间相互渗透，得以贯通、流动。

窗子在园林建筑艺术中起着很重要的作用，窗户是内外交流的媒介。透过格子窗，广阔的自然风光被浓缩成微型景观。

颐和园乐寿堂差不多四面都是窗户，周

围粉墙列着许多小窗，面向湖景，每个窗户都等于一幅小画（李渔所谓"尺幅窗，无心画"）。而且同一个窗户，从不同的角度看出去，景色各不相同。这样，画的境界也就无限地增多了。

不但走廊、窗户，而且一切楼、台、亭、阁，都是为了"望"，都是为了得到和丰富对于空间的美的感受。颐和园有个匾额，叫"山色湖光共一楼"。意思是，这个楼把一个大空间的景致都吸收进来了。左思《三都赋》的"八极可围于寸眸，万物可齐于一朝"就是这个意思。

"画中游"八角亭

颐和园

102

颐和园还有个亭子叫"画中游"。"画中游"，并不是说这亭子本身就是画，而是说，这亭子外面的空间好像一幅大画，你进了这亭子，也就进入到这幅大画之中。所以明人计成在《园冶》中说："轩楹高爽，窗户邻虚，纳千顷之汪洋，收四时之烂漫。"

为了增加空间的美感，在园林建筑中就要采用种种手法来布置空间、组织空间、创造空间，例如借景、分景、隔景等等。其中，借景又有远借、邻借、仰借、俯借、镜借等。

如玉泉山的塔，好像就是颐和园

颐和园内建筑错落有致，层次分明

颐和园的建筑特色

谐趣园知鱼桥

的一部分，这是"借景"。颐和园的长廊，把一片风景隔成两个，一边是近于自然的广大湖山；一边是近于人工的楼台亭阁，游人可以两边眺望，丰富了美的印象，这是"分景"。颐和园中的谐趣园，自成院落，另辟了一个空间，另是一种趣味。这种大园林中的小园林，叫做"隔景"。"镜借"是凭镜借景，使景映镜中，化实为虚。园中凿池映景，即为此意。昆明湖水中倒映出园中的景物，虚实交错，实物与倒影相互映衬，为游客提供了更丰富的景观，更深远的层次，而且还极大地扩展了欣赏

颐和园内的镇水铜牛

者的空间感受，水中影，眼中景，天水相接，如梦如幻。

无论是借景、对景，还是隔景、分景，都是通过布置空间、组织空间、创造空间、扩大空间的种种手法，丰富美的感受，创造了艺术意境。概括说来，当如沈复所说的："大中见小，小中见大，虚中有实，实中有虚，或藏或露，或浅或深，不仅在周回曲折四字也。"（《浮生六记》）

园林建筑采用"举折"和房面起翘、出翘，形成如鸟翼舒展飘逸的檐角和屋顶各部分的优美曲线生动流丽，轻巧自在，"如鸟

颐和园的建筑特色

斯革"，呈现出动态美。如屋脊上庞大的雕龙的身体，龙体的头、身、尾、爪均呈曲线形，仿佛在游动、飞腾。园林中千姿百态、曲线优美的拱桥，石拱如环，矫健秀巧，有架空之感。

（三）屋顶设计

皇家宫殿，在大家的印象中就是红墙黄瓦，颐和园也不例外，主要也是以红、黄两色为主。那么为什么皇家建筑多以红、黄两色为主要基调呢？

据文献记载，"琉璃"一词来自古印度语，随着佛教文化而东传，其原来的代表色多为蓝色，现在除蓝色外，琉璃也包

皇家建筑琉璃屋顶

颐和园

括红、白、黑、黄、绿、绀青等色。

　　流光溢彩的琉璃瓦是中国传统的建筑物件，通常施以金黄、翠绿、碧蓝等彩色铅釉，因材料坚固、色彩鲜艳、釉色光润，一直是建筑陶瓷材料中常用的材料。我国早在南北朝时期就在建筑上使用琉璃瓦中作为装饰物，到元代时，皇宫建筑大规模使用琉璃瓦，明代的十三陵与九龙壁都是琉璃瓦建筑中的杰作。

　　琉璃瓦经过历代的发展，已形成品种丰富、型制讲究、装配性强的系列产品。常用的普通瓦件有：筒瓦、板瓦、句头瓦、滴水

琉璃瓦屋顶成为尊贵建筑的象征

瓦、罗锅瓦、折腰瓦、走兽、挑角、正吻、合角吻、垂兽、钱兽、宝顶等等。

1. 黄色——正统的象征

琉璃，古代又称"流离"，它是二氧化硅与其他金属氧化物混合烧制而成的釉质物，随着配入的金属物质比例的不同而呈现缤纷的颜色。我国早在西周时期，就已出现琉璃制品。至明清时，琉璃瓦屋顶已成为尊贵建筑的象征。

颐和园宫殿建筑中常用的琉璃釉色多为红、黄、绿等颜色。明清两朝依旧以黄色为帝王专用的尊贵之色，帝王宫殿及其陵寝宫殿都以黄色为装饰。其次为绿色，绿色在五行中从东、属木，因此处于人生成长阶段的太子、皇子居住的宫殿多用绿色琉璃瓦。

古代五行学说以土色为黄，土局中央，以示天子位居正中之位，统御四方。五行学说早在汉武帝时，就确立了"汉居土德"的思想，黄色便成为汉朝皇权的象征。以后历朝相沿不改，均以黄色为至尊至贵的颜色，用以表达皇帝所居为天下的中心，具有无上崇高的地位。不但皇宫建筑以黄色为主，皇帝所有的衣食住行一应用品，无一不是使用明黄色。这种皇帝的专用色已经成为拥护帝王至尊的保证。而红色自古以来即是中国人民喜爱的吉祥色，红色往往与幸福美满、喜庆成功等令人欢欣的事物联系在一起。五行

颐和园宫殿一景

颐和园的建筑特色

十七孔桥

颐和园宫殿建筑的琉璃瓦

颐和园

颐和园金碧辉煌的宫殿建筑

学说中红色主火，火主光大，颐和园中集宫和苑为一体的宫殿，当然以红、黄两色为主了。

除了屋顶大量使用琉璃瓦外，还建有许多琉璃门、琉璃壁、琉璃花坛以及镶贴在下肩坎墙上的琉璃砖等。无不流光溢彩、精美华贵。

2. 檐角小兽

中国古代工匠喜欢把龙、虎、鸟、蛇这一类生气勃勃的动物形象用到艺术上去。图案画常常用云彩、雷纹和翻腾的龙构成，雕刻也常常是雄壮的动物，还要加上两个能飞的翅膀。不但建筑内部的装饰，就是整个建筑形象，也着重表现一种动态，中国建筑特

颐和园的建筑特色

雕刻精美的龙型瓦当

有的"飞檐"，就是起这种作用。

颐和园许多宫殿上的琉璃瓦顶和屋脊上有形状各异的大小吻兽，他们的位置、大小、多少和排列顺序都有严格的规定。龙吻作为建筑物的一个构件，在建筑学上有其特殊功能。原来,宏大的宫殿屋脊两端，各有一根立柱，是屋顶的最高点，受到雷击的比率最大，因此俗称"雷公柱"。同时它又有受雨水侵蚀的弱点，需要重点遮蔽保护。龙吻既美观又实用，它背上的宝剑，其功用相当于今天的避雷针。

而在宫殿屋檐角处，还置有琉璃神兽，他们是：龙、凤、狮子、海马、天马、押鱼、狻猊、獬豸、斗牛、行什。这些小兽有的

尽显尊贵的宫殿檐角

颐和园的建筑特色

琉璃檐角兽

是神话传说中象征吉祥的动物；有的是爱憎分明、惩恶扬善的猛兽；有的是水中的奇异动物。它们都有吉祥如意、防火消灾的寓意。把这些威猛忠直的奇禽异兽立于宫殿的檐角，象征着除灾免祸、剪除邪恶，反映出统治者祈求天助的心愿。同时，又表示皇帝是真命天子，天地间的祥禽神兽齐集来朝。神兽数量由建筑物的等级、规模来决定，一般以1、3、5、7、9五个奇数为准。

这些琉璃兽件与龙吻一样，最初完全出于实用。因垂脊的坡度大，为了防止瓦件脱落，必须把下端的脊瓦钉在角梁上固定住。长钉又不宜暴露于外，那样既不美观又易蚀漏，于是便在上面罩以陶制的走兽。中国古代的能工巧匠，将美观实用和求神佑助的愿望巧妙结合，创造出各种艺术形象，使之达到建筑艺术与实用功能的完美统一。

（四）颐和园之最

颐和园集中了中国古典建筑的精华，容纳了中国不同地区的建筑风格，荟萃了南北园林的特色，堪称园林建筑博物馆。它不仅规模大、保存完整，更包括了中国乃至世界之最，那么它都有哪些之最呢？

颐和园内的寿星石

颐和园的建筑特色

十七孔桥

1. 世界上最长的长廊。共 273 间，全长 728 米，东起邀月门，西至石丈亭。长廊以精美的绘画著称，属于"苏式彩画"，廊上绘有图画 14000 余幅，1992 年以"世界上最长的长廊"列入吉尼斯世界之最。

2. 廓如亭，俗称八方亭，八角重檐，位于昆明湖东岸，是中国古代园林中最大的一座亭式建筑。

3. 颐和园最长的桥——十七孔桥，长 150 米，宽 8 米，是园内最大的一座桥梁。该桥的造型优美，它西连南湖岛，东接廓如亭，不但是前往南湖岛的唯一通道，而

十七孔桥上的石狮数量比卢沟桥多五十余只

且是湖区的一个重要景点。

4. 石狮子最多的桥——颐和园十七孔桥，共 544 个狮子，而且形态各不相同，比卢沟桥上的石狮子还多五十余个，具有很高的艺术价值。

5. 中国最大的古代石船——颐和园石舫。

6. 中国古代最大的戏楼——颐和园内德和大戏楼。

7. 最大的园林湖——昆明湖。

8. 佛香阁，据说这座巨大的建筑物被英法联军烧毁后于 1891 年重建，花了 78 万两

颐和园的建筑特色

西堤古柳

银子，是颐和园里最大的工程项目。

9. 智慧海——无梁佛殿，是最独特的建筑，内部结构以纵横交错的木梁支撑顶部，内部未使用一梁一柱，为名副其实的"无梁殿"。这里两层无梁殿，原来供奉有无量寿佛。

10. 智慧海，外壁上嵌着 1008 尊小佛，也是有最多佛像的建筑。

11. 西堤古柳，栽种于乾隆年间，是北京地区年代最久、遗存最多的古柳树林，每棵都有超过三百年的树龄，共有 19 棵。现在，它们需要钢筋支撑，需要水泥浇灌，是反映和研究清漪园西堤植物配置和景观风貌的主要依据。